阅读成就思想……

Read to Achieve

双向奔赴的爱，才是人间理想

燕七 ◎ 著

中国人民大学出版社
· 北京 ·

图书在版编目（CIP）数据

双向奔赴的爱，才是人间理想 / 燕七著. -- 北京：中国人民大学出版社，2023.2
ISBN 978-7-300-31334-4

Ⅰ. ①双… Ⅱ. ①燕… Ⅲ. ①女性－恋爱－通俗读物 Ⅳ. ①C913.1-49

中国国家版本馆CIP数据核字(2023)第004583号

双向奔赴的爱，才是人间理想

燕　七　著

Shuangxiang Benfu de Ai, Caishi Renjian Lixiang

出版发行	中国人民大学出版社		
社　　址	北京中关村大街31号	邮政编码	100080
电　　话	010-62511242（总编室）		010-62511770（质管部）
	010-82501766（邮购部）		010-62514148（门市部）
	010-62515195（发行公司）		010-62515275（盗版举报）
网　　址	http://www.crup.com.cn		
经　　销	新华书店		
印　　刷	天津中印联印务有限公司		
规　　格	130mm×185mm　32开本	版　次	2023年2月第1版
印　　张	6　插页1	印　次	2023年2月第1次印刷
字　　数	40 000	定　价	55.00元

版权所有　　　侵权必究　　　印装差错　　　负责调换

推荐序

 爱是双向奔赴，共同成长

拿到燕七的图文并茂的样书《双向奔赴的爱，才是人间理想》后，我被深深地吸引了：那些看似简单浅显的人生体验，不再以道理而是以涓涓细流、温暖和煦的话语的方式，跟随着可爱依人、呆萌聪慧的芋妮小姐一起经历了一场爱情之旅。

主动的人自带光芒，沿着主动的路向前，你会看到那个不被看见的自己；因为爱，你成了一束光，爱情不是必须，但可以是锦上添花；行动上努力，心态上随缘。这些温软的话语，有哪一句击中了你的心房？成长进步让人更有底气，你是不是从言语间读出了力量？

在爱中成长，你是想得到他，还是真的爱他？这样的灵魂拷问是不是时常在心间想起。爱是阳光，是滋养，看到芋妮小姐积极向上、正向乐观的样子与舒服安静的色彩，这本身就很治愈，你是否也特别想拥有这样与自己的关系，也特别想把这本书拥怀而眠？

只有真诚最动人，真诚是一切健康关系的桥梁，在爱情中唯有真诚得人心，而爱也要慢慢谈，而且女生爱自己的样子很美，你从图画中是否读出了真诚、自信与美好？你是否从芊妮小姐身上读懂了更好的爱自己，更真诚的面对自己，更好的与自己相处？

爱是能力，面对自己的缺失，芊妮姐姐给出了行动指南。行动可以抵抗恐惧，爱需要分寸，彼此感觉刚刚好的亲密有间才能恒久舒服。允许别人拒绝与不认可，放下改变对方的执念，而且真正的安全感来自积极的心理，爱本身就是一种力量。

好了，让这位可可爱爱的青葱绿的芊妮小姐带着你，慢慢看，细细品，缓缓想，真真爱，你会发现：你自己便自带爱情密码。

你准备好一场爱的旅程了么？不要犹豫，请随着书一起，开启一场双向奔赴的爱情之旅吧！如果爱情暂时还没有来到，也没有关系，好好爱自己，让自己成为那个独特的存在，你自然会吸引到那个爱你的人。理想爱情，正在前方等候着你！

亲测有效，强烈推荐，把芋妮小姐带回家，让《双向奔赴的爱，才是人间理想》伴你遇到爱，感受爱，在爱中成长！

段鑫星
《如何拥抱一只刺猬》《恋爱心理必修课》作者

前言

你了解爱吗?

你很愉悦地爱自己、爱别人,并享受被爱吗?

还是经常在爱中感到痛苦、委屈、拧巴?

好的爱会滋养你,让你越来越爱自己,
也越来越懂得如何爱别人。

索取和占有的爱会让人面目全非、歇斯底里。

爱不应该是沉重的,而应该是轻松愉悦的。

不自卑、不压抑、敢于表达自我、洒脱肆意、魅力四射……
在爱里不停爱上自己。

所以,你也想成为在爱中闪闪发光的那个人吗?

那么来吧!

芋妮小姐

温暖阳光、充满智慧的女性

目录

第一章
主动的人自带光芒

站直了，不要怂
- 003 -

不妨抛弃企图心
- 008 -

成长进步让人底气十足
- 014 -

爱情是锦上添衣
- 022 -

简单爱，不忘初心
- 030 -

成为关系中的"赢家"
- 036 -

第二章
我们的目标是在爱中成长

你是爱他还是只想得到他
- 045 -

无须讨好、迎合对方
- 050 -

不要丧,要向上
- 056 -

认知正确才不会痛苦
- 063 -

年龄不是问题,其实一切都不是问题
- 070 -

当自己有情绪了
- 077 -

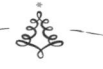

第三章
唯有真诚最动人

真诚是一切健康关系的桥梁
- 087 -

学会站在客观的角度看待爱情
- 095 -

爱要慢慢谈
- 101 -

发自内心的欣赏
- 107 -

女性最有魅力的样子
- 114 -

每个人的人生不同,为自己而活
- 121 -

不去揣测对方的言行
- 131 -

第四章
拥有爱的能力,享受爱和被爱

正视自己内心的缺失
- 139 -

爱需要分寸
- 147 -

自信是允许别人的拒绝、不认可
- 153 -

放下改变别人的执念
- 158 -

爱是最基本也是最高级的能力
- 163 -

安全感来自积极的心理
- 170 -

萌发爱的力量,从爱自己开始
- 175 -

第一章
主动的人自带光芒

站直了,不要怂

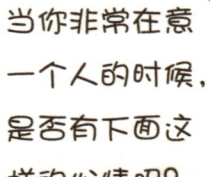

面对她，我总觉得自己不够优秀，会有自卑感……

在别人面前，我很开朗，话很多，但是在他面前，我就支支吾吾不知道该说什么……

很喜欢一个男孩子，直接把他微信拉黑了，因为受不了暗恋的苦！

被动，会错失很多机会。请大家振作起来。

首先，要调整好一个心态，那就是自信。相信自己值得拥有！任何事情，只有相信才能做到！

当然，自信不是自大，是努力把自己调整到和喜欢的人一个高度上。

你既不需仰视他，也不用俯视他，你们是平等的。这样你面对他的时候，就不会诚惶诚恐、患得患失。

当你不把对方神化，而是把他当成一个普通人来看时，你才能把自己的优势最大化地发挥出来。

只有这样,你们才有后续的无限可能。

不妨抛弃企图心

如果我努力了，我爱的人不爱我怎么办？岂不是浪费时间？

我担心最后没有好结果……

如果是我主动的，对方会不会不珍惜我？

失败的话，好没面子啊……

当你喜欢一个人，那一定是这个人身上有你喜欢的特质，可能是好看、有学识、温柔……总之，他的某个特点是打动你的。面对一个美好的事物，你不该患得患失，而是去接触呀。这是满足自己内心需求的一件好事，即便最后没有成功，也争取过了，不留遗憾。

有位哲学家说："我觉得有件东西是不可或缺的，那就是没有任何动机的热情。"

带着强烈的目的去做一件事情的时候，心态往往不能放松。感情是需要一个轻松和谐的氛围才能好好继续下去的。

大家不妨抛弃企图心，放下"一定会和对方如何如何"的想法，把相处看成一件轻松有趣的事。

行动上努力，心态上随缘。
做人的格局要大一些。

成长进步
让人底气十足

优秀的标准应该是现在的自己与过去的自己对比。见证自己的不断成长、进步，才能从心里真正认可自己。

当停止成长进步、
自己都不喜欢自己的时候，
强行表现出的自信自然是没有底气的。

没有底气的自信容易演变成强势，
用表面的咄咄逼人虚张声势，
掩盖内心的虚弱无力。

当你不断成长进步、越来越好时，
整个宇宙都会帮你，
好事情会源源不断向你靠近。

这时候的自信不是虚的，是充满底气的，是由内而外散发的温和从容、淡定有力。

爱情是锦上添花

如果你把爱情当成拯救自己人生的救生圈，你一定会失望。

好的爱情不是雪中送炭，而是锦上添花。

每个人的成长过程，都不是一帆风顺的，原生家庭的影响，成长过程中的心理创伤，都是自己给自己上的枷锁。

这导致很多人在进入恋爱关系后，把希望寄托在对方身上，自己没有解决的问题希望对方帮自己解决，渴望对方无条件地接纳自己……

然而对方可能和你一样，同样有很多问题要解决，你解决不了的问题，刚好也是对方的困扰。

如果一个人单身时过得很糟糕,那么恋爱是拯救不了的,只有自己过得好,恋爱才可能好。

先自我成长，才能在关系中游刃有余。

身处黑夜时，不要寄希望于别人，每个人都可以闪闪发光，照亮自己的天空。当你散发着自己的光芒，别人也会寻着光源而来。

没有人会无条件地爱你，
爱你一定是因为你值得。

简单爱，不忘初心

人们一开始对于爱情的需求就是，
看到对方的微笑，
得到一个拥抱，
就很开心雀跃。

渐渐地，想依靠、占有……
想要的越来越多，就越来越不满足，
渐渐忘记了最开始其实只是想要一个拥抱。

如果没有及时制止内心的贪欲，而是任其发展，就容易在恋爱中迷失，痛苦万分。

你发现自己越来越挑剔对方的行为，既舍不得放手，还被对方牵动了情绪。

这时候你要做的就是，时常停下脚步来察觉自己内心的变化，回忆一下最初的想法。对亲密关系有大局观，才能不忘初心，方得始终。

成为亲密关系中的"赢家"

亲密关系中占主导地位的，是主动争取的人，不会是被动接受的那个。

有人喜欢争输赢，认为让对方事事顺从自己，才算赢。如果对方不能满足自己，就想办法强迫对方。这是控制和占有，不是爱，也不是赢。

在众多关系中，自己与自己的关系是最难处理的，很多人因为不能与自己和解，才把矛盾转嫁给别人，觉得是别人故意和自己作对。

处理好自己与自己的关系，
接纳自己的一切，就不会
因为对自己不满而迁怒于别人。

不要挖空心思去谋划怎样控制别人，主动对别人释放善意，却不占有，就会成为任何关系中的"赢家"。

第二章

我们的目标是在爱中成长

你是爱他还是只想得到他

本来我没有很喜欢他，只是……

只是，他突然对我爱答不理，我就感觉自己越来越喜欢他了……

他凭什么这样对我，这激起了我的征服欲，然后越陷越深……但一开始我明明没那么喜欢他……

如果是因为征服欲，想和一个人在一起，大概会有两种结果：一种是如愿以偿地成功了，时间久了，觉得索然无味，没意思了；一种是失败了没有得到对方，却深陷其中，继续加大自己的精力投入……

这两种结果都会消耗一个人的正向能量，原因在于只是想征服、得到，却不是出自本心的爱。

发自本心的爱让我们善良、慷慨、乐观、积极……

想征服、得到,让我们自私、算计、内耗、小肚鸡肠……

爱是阳光，是滋养，不是勾心斗角。如果不是发自本心的爱，请放过自己，也放过对方。

无须讨好、迎合对方

讨好迎合对方，即便一时得到对方的青睐，也不会长久，那些压抑的情绪总会在某一刻爆发，让自己倍感委屈。

讨好迎合是因为想从对方身上获取自己想要的东西，可能是物质，也可能是关爱。

想从别人身上获得，就会害怕失去，而给予、付出，就什么也不怕。

我们去给予去付出，不是因为对方是谁，只是因为我们本身就是善良、美好的，这样的你不需要讨好、迎合任何人，别人也会感受到你的好。

这时候你会发现，
你不求什么却什么都拥有。

不要丧，要向上

当一个人经常处于丧的状态时，
丧就会赖上你，围着你转。

丧得太久，能量持续走低，
身边都是负面问题。

当能量向上的时候,心情美丽,
跟好运也会不期而遇。

如果你经常被负面能量包裹，可能是习惯性用负面思维思考，那么转换思维方式，用积极的思维去思考，生活就会充满正能量。

丧吸引丧，悲观吸引悲观，喜悦吸引喜悦，真诚吸引真诚，正能量吸引正能量……处在什么状态就会吸引什么样的能量。

成为吸收正能量体质，好运就会常伴左右。

认知正确才不会痛苦

每个人的人生由很多元素构成，
爱情、亲情、友情、事业、爱好……
具体比重根据每个人的需求而定。
相对男性而言，女性更加需要爱情。

男女生来就有着本质的不同。大多数女性可能一生都在寻找爱情，而大多数男性的生活中爱情占的比重比较小，这就造成了男女之间经常有矛盾冲突。

女性在爱情中容易感性的同时，还应该保持理性，这样会让自己的感情之路更顺利一些。

热爱生活，有自己的圈子，让生命中的各种角色发挥他们的作用，这样就不会只盯着情情爱爱，对于爱情也会有更理性的认知。

当对方把时间分散给工作、朋友、家人的时候，就不会患得患失，而是自然而然给予尊重和理解，因为自己也有自己的生活和圈子。

我们只能管好自己的人生，过好自己的生活，同时尊重对方的人生，理解自己不是男人的全部。如果女性有这样的认知，就不会在爱情里吃尽苦头。

年龄不是问题，
其实一切都不是问题

快30岁了,事业还没有起色,恋爱也没谈好,大概要孤独终老了,好焦虑啊!

有个比我小很多的弟弟追求我,虽然我也喜欢他,但是我们年龄差那么多,感觉不靠谱……

和男朋友相处得很不愉快，他经常不顾及我的感受，我一再跟他沟通，但是没有效果，我们的感情快消失殆尽了，我想分手，但是自己年纪不小了，怕分手找不到更合适的……

我这个年纪再不结婚，大概就没人要了……

怕没人陪孤独终老。

怕姐弟恋不靠谱。

和爱人相处不愉快，也不敢分手。

怕自己年龄太大没人要，想随便找个人结婚。

以上 ✕

女性担心年龄的根本原因，是怕自己穷困潦倒，无依无靠。担心自己既没有赚钱的能力，也没有丰富多彩的精神世界，于是寄希望于一个男人、一段婚姻。

不要迫于年龄而着急,随便恋爱结婚,也不要因为年龄大自卑,不敢恋爱结婚。不管年龄多大都有选择单身和选择男性的权利。

没有人可以用年龄来定义你，怕的是自己定义自己。年龄不是问题，所有问题都是智慧、认知、境界的问题。当你有足够的能力和智慧，你就会不慌不忙，闲庭信步地做自己。

当自己有情绪了

每个人都有情绪不好的时候,这是正常现象。如何恰当地发泄、调节是一门功课。

情绪在亲密关系中至关重要，人们习惯于把坏情绪留给最亲近的人。认为既然是最亲近的人，那就理所应当要接受自己的坏情绪，如果不能接受，就说明对方不够爱自己，从而引发亲密关系的一场场危机。

既然坏情绪不可避免，那该如何对待它呢？

1

接纳它，允许它的存在，然后分析原因。如果是因为亲近的人做了什么事引起自己的不满，那么先平复心情，然后心平气和地跟对方谈，告诉他怎么做才能让自己觉得舒服。然后询问他可以为了你这样做吗？

2

很多人不会表达情绪，会采用强势的态度命令对方按照自己的想法去做，或者用故意找碴儿吵架的方式来引起对方的注意，想以此让对方察觉到自己的情绪。要知道没有人愿意被另一个人胁迫，当我们需要一个人，想让他陪着自己，安慰自己的时候，应该展现自己的柔弱，告诉对方你现在情绪不好，很需要他的安慰、包容、陪伴……

3

如果是因为工作压力、对自己不满意等自身原因，千万不要把情绪发泄在亲近的人身上。可以先转移注意力，去追剧、看书、吃美食、旅行等，做一切增强幸福感的事情。合理地发泄，去运动、爬山、游泳，让自己大汗淋漓，释放多巴胺，做完这些，你会发现，情绪自己就会好转。

4

接纳最真实的自己,喜欢自己,不管事情做成功了还是失败了,告诉自己,自己很棒,不要因为失控感而怨恨自己。饭要好好吃,话要好好说,情绪要好好对待。

第三章
唯有真诚最动人

真诚是一切
健康关系的桥梁

很多人热衷于跟一些文章、视频……学习如何用套路赢得对方的心,让对方付出更多。

如何让自己在亲密关系中占据高地位?

学会这些套路让对方离不开你。

怎样让对方给你更多的钱花?

这样做,保证对方会为你着迷。

……

很多人在学习了套路后，会把时间都花在算计上，在与对方的相处中，每走一步都小心翼翼地权衡利弊，生怕走错一步就输了。这种心态让自己很累，并且精力都用错了地方，又哪来的时间关注自己、提升自己。

在做一件事情之前，先播下好的种子，才会结出好的果实。在爱情里的体现就是，一个人如果只想学习情感操控，学习各种套路去控制对方，那结果必定不会好，就算在短时间内有效果，也不会持久，最终会反噬自身。

与人和谐相处的小技巧可以提高你的情商，给爱情注入活力，要和对方轻松自在地相处，而不是学习如何操控对方。在任何关系中，真诚是基础、是桥梁。

> 我明明付出了真诚，却换来了伤痕累累，被伤害得体无完肤！

出现上面这种情况可能有两种原因。一是把对方看得太重了，没有了自我，亲手把对方培养成了那个样子。真诚不是纵容，而是明白一段感情的核心是以双方的真诚真心为前提的。二是充满了自私的执念，没有认识到自己强烈的需求感吞噬了对方，当对方不能满足自己的需求时，就给对方扣上伤害自己的帽子。

不要害怕付出真诚，要想和别人产生良好联结，就要先表达自己的诚意。真诚胜过任何套路。

学会站在客观的角度看待爱情

在爱情里，男性通常是主动发起追求的一方，这会给女性们一种错觉，觉得男性就应该是强者，他们应该面面俱到。如果没有做到，那就是他们不想做，不爱自己。事实不一定如此，男性的坚强很多时候只是假象，他们与喜欢的人约会也会紧张，如果喜欢的人没有表现出很认可自己，他们也会心虚、忐忑不安。

当女性认为男性理所应当坚强勇敢一往无前的时候,他可能正不自信、敏感、自卑、脆弱、小心翼翼……是的,这些状态不分男女,你只有站在客观角度才能看清楚这些。

任何事情都有它的发展规律，爱情也不例外。我们初识一个人时，对他有怦然心动的感觉，随着彼此了解的加深，爱情也会进入一个平淡期。这个时候，很多女性通常无法接受平淡，无法接受对方的一时懒怠。

爱情不可能永远处于热恋期，它也需要休息，所以女性要明白这是规律，可以制造情趣让爱情保鲜，却不能强求双方始终停留在热恋期的状态里。度过平淡期，才会有下一个亲密愉悦期的到来。

学会站在客观的角度看待爱情，才能更好地处理在爱情中遇到的问题。很多时候人们不是缺乏处理问题的能力，而是沉浸在对爱情不切实际的幻想中，没有认清问题的真相和本质。

恋爱要慢慢谈

在没有充分了解对方前便迅速在一起，再加上缺乏感情基础不愿意互相包容而迅速分开，是现在很多人的恋爱状态。

多尝试，才知道什么是适合自己的，这本身没什么问题，但是频繁的低质量相处只会消耗掉一个人对爱的感受力和爱别人的能力，进而对爱情失望和麻木。

很多人做事没有耐心，想用最小的代价换取最大的收益。而这种心态也被用在了恋爱上。大家不肯花时间去了解对方，倾听对方内心的声音，反而固执己见，过于看重自己的得失，看不到对方的付出和需要。

爱情中的双方是两个不同的、有独立思想的个体，从有矛盾摩擦互不理解，到相处和谐、携手进步、互相滋养，需要彼此的耐心与智慧，彼此尊重包容。这是一个长期的过程，不是一蹴而就的。

煎牛排要用小火，如果一上来就开大火，牛排就糊了。好的亲密关系就像煎牛排，要循序渐进，点滴积累。肉要一口一口吃，恋爱要慢慢谈。

发自内心的欣赏

一开始被他的温柔幽默吸引，后来发现他缺乏决断力和上进心……我觉得我没那么喜欢他了……

一开始被她的阳光开朗吸引，后来我发现她粗心大意，一点都不温柔、体贴……我觉得我没那么喜欢她了……

很多感情都是始于一时的冲动，缺乏发自内心的欣赏。

那些一开始吸引对方的优点，在后来的相处中，已经不能满足对方，甚至成了被嫌弃的缺点。

对方还是原来的那个人，只是大家对彼此的要求变多、变苛刻了，都想让对方成为符合自己标准的那个人……

你关注什么，什么就会影响你，
如果只盯着对方的缺点，
那么缺点就会被无限放大。
同样，如果盯着对方的优点，
那么优点就会发挥最大作用。

不要试图在对方身上求全、求完美，看到对方的闪光点，发自内心地欣赏肯定，会让双方都感到幸福开心。

女性最有魅力的样子

女性最有魅力的样子，
是她爱自己的样子。

爱自己不是自私和纵容，而是全然接纳最真实的自己。看到自己的优缺点，不抗拒自己是不完美的，然后接纳、修正、提升、进步……

嫌弃自己很容易,觉得自己糟糕透了,放弃吧,不会变好了,坚持太难了……于是真的更糟糕了。

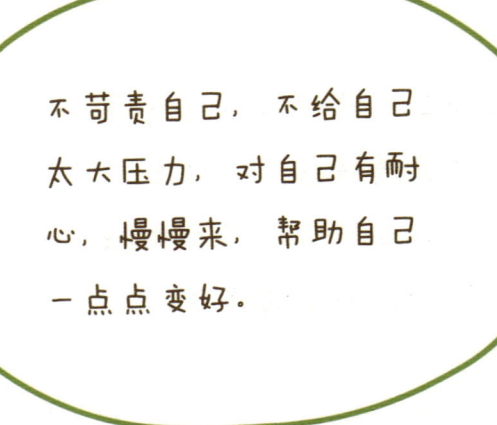

不苛责自己，不给自己太大压力，对自己有耐心，慢慢来，帮助自己一点点变好。

你是如此有耐心地对待自己、爱自己，你就懂得用这种方式去爱对方，不苛责对方，不给对方压力，不要求对方完美……

这样的爱，让你活得舒展，靠近你的人也感到舒适，也会被你影响。你这种爱自己的方式，有魅力极了！

每个人的人生不同，
为自己而活

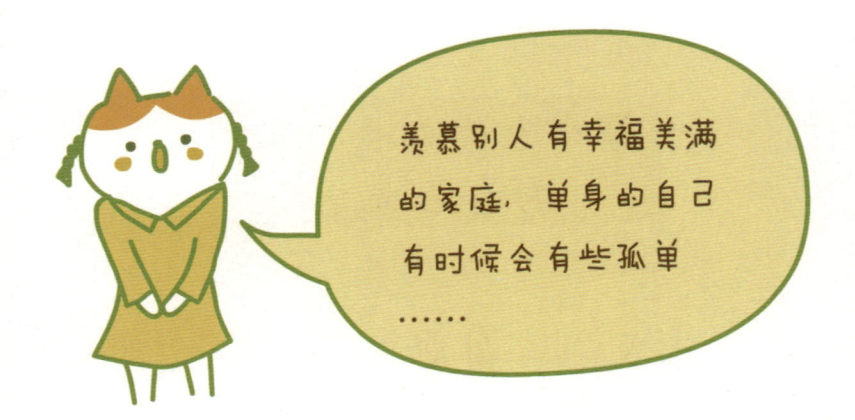

羡慕别人有幸福美满的家庭，单身的自己有时候会有些孤单……

后悔草率结婚了，婚后生活一地鸡毛，好羡慕自由自在的单身生活……

总会因为别人的一些话感到内心受伤，自己什么时候才能强大起来啊？

想让自己受欢迎，所以总是讨好别人，我讨厌这样的自己……

内心不坚定，总受到外界和别人的影响，不敢做自己、肯定自己，所以才会羡慕和讨好别人……

生活中，我们既要和别人产生联结互动，又要各自独立，每个人的人生不同，要敢于活出自己的风采。

无须羡慕别人的生活，自己拥有的就是当下与自己最匹配的，也是最好的。

不要因为别人的言语而感到难过受伤，别人有发表意见的权力，你也拥有置之不理的权力。

不要为了得到别人的认可而放弃底线去讨好，你需要做的是让自己变好，别人认不认可不重要。

与人相处有边界感,不越界,当别人越界的时候,要有拒绝的勇气。

你不要过来啊!

健康、积极、幸福的人生只能靠自己，勇敢一点，毕竟我们只有这一生。

不去揣测对方的言行

刚才他的态度不太好，是不是早就对我不满了？

他最近对我很冷淡，是不是不爱我了？

他不主动给我发消息了，我就知道，爱迟早会消失的……

他这样是什么意思啊？是不是瞧不起我？

……

你有没有因为经常分析琢磨对方的想法、言语、行为等花费了自己大量的时间？这些揣测通常对彼此的关系并没有实质的正面影响，反而损耗了自己的精力，影响了自己的心态……

很多时候，人们对于别人的揣测，都是自己内心的投射，或许出自以往的经验，或许是听过的别人的故事……把自己的态度、想法、动机……不自觉地就"投射"到对方身上，并深信对方一定是自己分析的那样。

所以不要轻易分析揣测对方，就算自己再客观，也会带有主观色彩。即便当下分析对了，对方的想法也只代表当下的想法，而这个想法会随着时间而变化。

不要花费时间揣测对方，
把关注点放在自己身上，
这是最有效的方式。

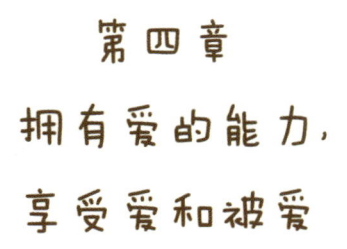

第四章
拥有爱的能力，享受爱和被爱

正视自己内心的缺失

经常有无能为力感，做事情没有动力，觉得自己不被爱不被珍惜。
觉得没人懂自己，自己也不愿意靠近别人，却又渴望爱情、友谊……
呜呜呜……

如果有这些感受,就要正视自己内心的缺失了!这些缺失往往会被我们有意或无意地忽视了……

说来听听

说来听听

1. 对对方有过高期待，在了解不充分的情况下，放大了对方的优点，随着深入了解，发现对方的缺点后不能接受，既嫌弃又想通过改变对方来满足自己的期待，如果这种期待没有被满足就会失望、痛苦……

----

2. 自怜自艾，经常把自己放在受害者的位置上，觉得都是别人的错，善于用委屈来掩盖自己的过错、不当言行……

----

3. 放纵自己的懒惰，做事情三分钟热度，既对自己不满意又迷之自信，充满了矛盾。

4. 想得太多，做得太少，把大量时间花在了内耗上。

---

5. 缺乏表达和沟通能力，却幻想有人可以无条件懂自己，读懂自己的弦外之音，如果对方没做到，就觉得自己不被理解。

---

6. 内心的条条框框、标准很多，这些标准都用在了对方身上，经常看不惯对方，宽于律己，严以待人。

那该怎么填补这些缺失呢?

虽然说得有道理,但是我拒绝正视自己的缺失。

对于自己内心的缺失,每个人都有权力正视或者无视,但如果你想要改变,可以尝试以下做法……

1. 不沉浸在对别人的幻想中，而是客观看待每一个人，明白每个人都有自己的优缺点、包括自己。

---

2. 不胡思乱想，行动起来，想做什么就立马去做。想得越多就越恐惧，而行动会抵抗恐惧。

---

3. 不躺平，但顺其自然。播下好的种子，但是对于结果保持随缘的心态。

4. 不羡慕别人的生活，着眼自己当下的幸福，去发现、感受生活中那些看得见摸得着的实实在在的小确幸。

---

5. 学习如何与人沟通和自我表达，好的沟通和表达可以事半功倍，有事情无须再憋在心里，不必被动地等别人来解决。而是让自己也拥有了主动权和解决能力。

---

6. 内心的标准用来管理自己，先让自己成为自己满意的那个人。

爱需要分寸

有的爱让人自由喜悦，
有的爱像枷锁，让人只想
逃离挣脱。过犹不及，
爱情也是。

人的控制欲经常披着"爱"的外衣，把自己认为好的东西强行给对方，不管对方需不需要；再强行索取，不管对方愿不愿意给。

任何亲密关系，一旦把对方当成自己的私有物品，而不是把对方当成一个独立个体看的时候，就会失去分寸，只剩下占有欲。

健康积极的亲密关系是以朋友的方式相处，互相尊重，不把对方的付出看成理所应当。

有分寸感，这样在对方主动为自己做了暖心的事情，或自己需要对方帮忙而提出请求的时候，大家才会彼此真心地感恩对方的付出，而付出的人也会心甘情愿。

自信是允许别人
拒绝、不认可

如果被对方拒绝、不认可，你会怎样应对呢？

1

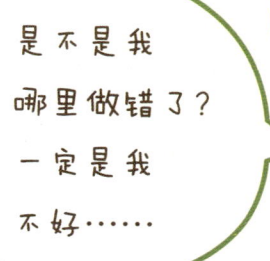

是不是我哪里做错了?一定是我不好……

2

好生气!你给我说清楚,凭什么拒绝我,不认可我?

3

被拒绝、不认可,是因为每个人看待事情的角度不一样,对方有他自己的逻辑,这并不能让我怀疑自己的价值。

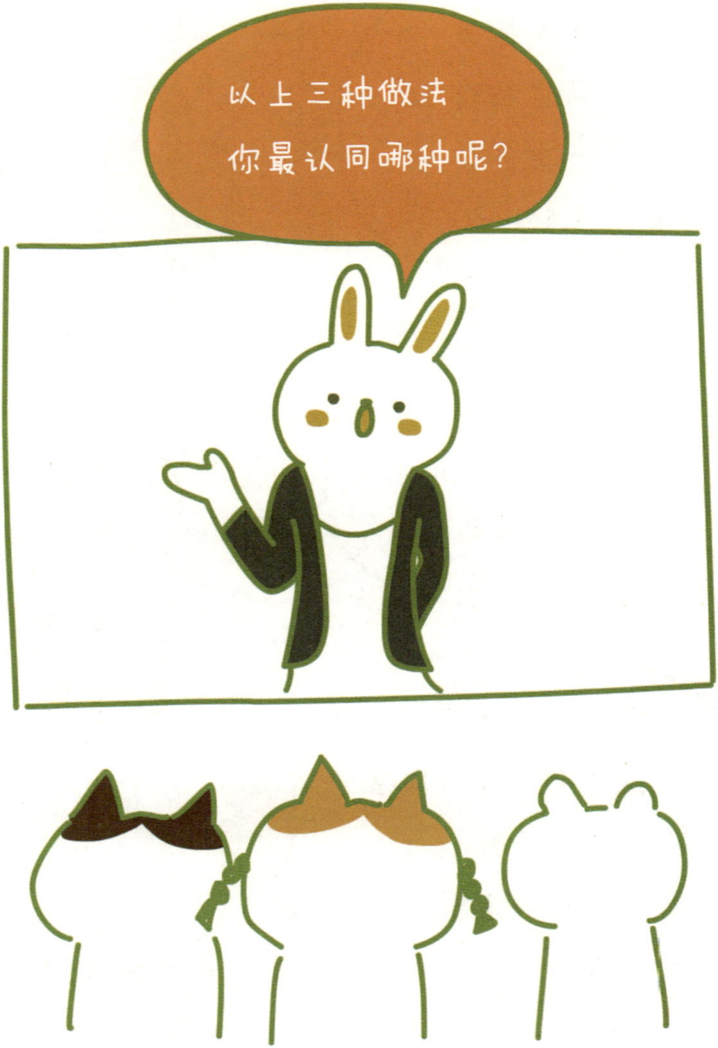
以上三种做法
你最认同哪种呢？

第三种,她看上去好自信啊!快乐从容,云淡风轻……

是的,真正的自信,是当遇到对方的拒绝、不认可时,既不怀疑自己,也不气急败坏,要坚信自己,同时允许对方有不同的看法,不强求认同。

放下改变对方的执念

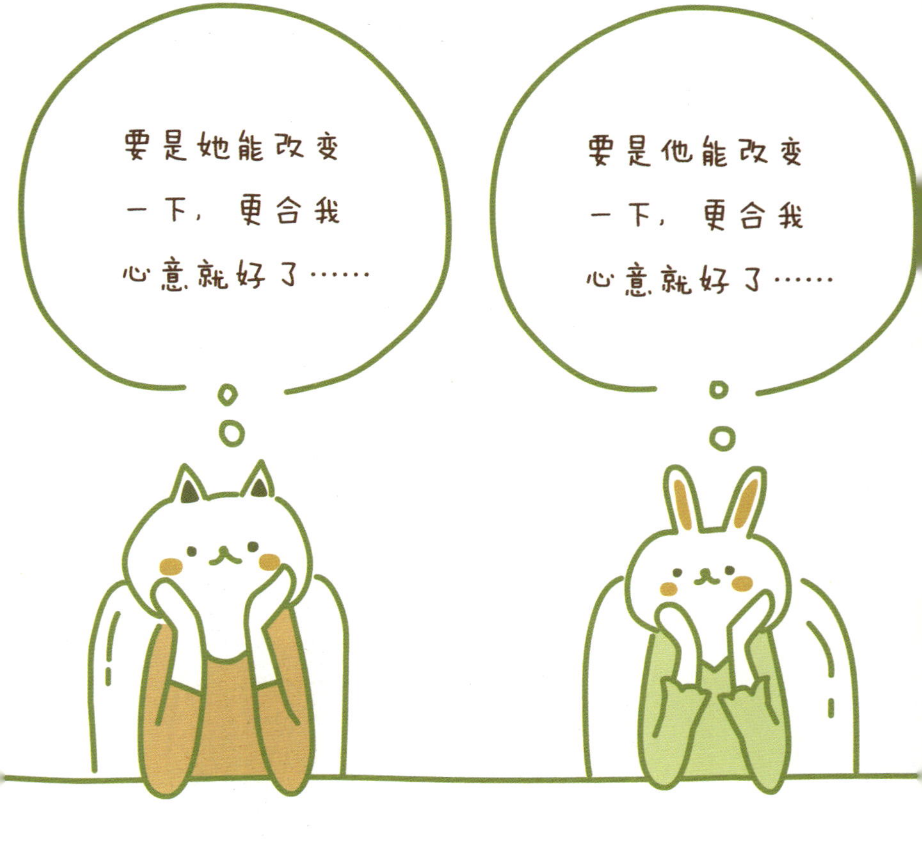
要是她能改变一下，更合我心意就好了……
要是他能改变一下，更合我心意就好了……

在亲密关系里，很多人希望改变对方，如果不能如愿，这种想法就会逐渐演变成一种执念。

不愿意为我改变，不过是不够爱我罢了……

亲密关系中最难的就是改变对方，越想改变对方，就越容易激起对方的抵触情绪。相较之下，改变自己要比改变别人容易得多。

我们无法强迫对方做出改变，但可以做出好的引导，改变自己，让自己在各方面更好，给对方做出榜样，这样对方才会被影响，心甘情愿被你折服。

爱是最基本也是最高级的能力

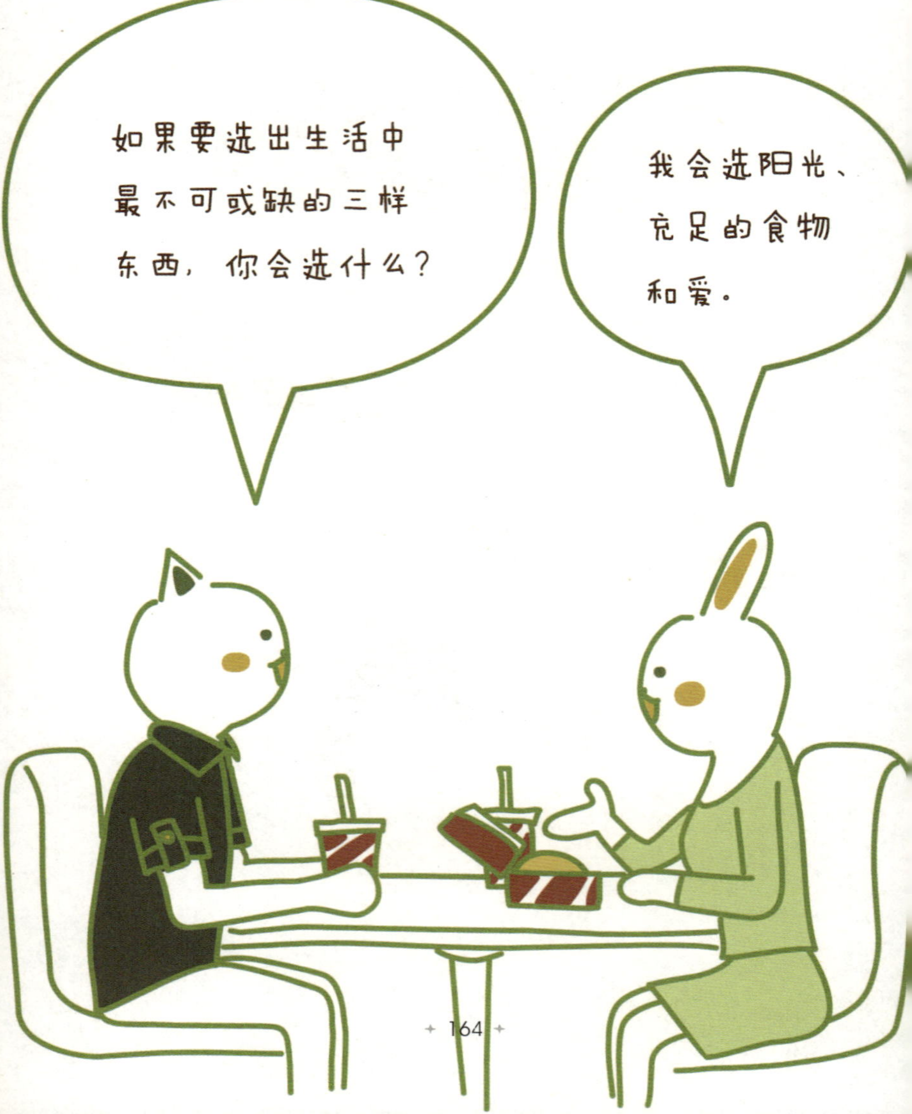
如果要选出生活中最不可或缺的三样东西，你会选什么？
我会选阳光、充足的食物和爱。

沐浴在爱里，可抵漫长岁月中的平淡日常，爱是如此重要和美好。

爱是人们的需求,同时也是能力。看到流浪动物心生怜悯,看到别人受苦愿意帮助,爱护一草一木,向陌生人表达善意……这些都是出自爱的本能。

> 想爱对方也想被对方爱，但是好无力，感觉自己丧失了爱的能力……

> 付出爱怕受到伤害。对方爱我，我会感到不自在，觉得不长久；对方不爱我，我又觉得难过。我好矛盾……

> 爱让我吃尽了苦头。

> ……

很多人觉得在爱中受到了伤害，
丧失了爱的能力。
其实伤害你的不是爱，
而是对方没有按照你的想象和
标准来满足你。

当爱不再以索取、交换、控制、
得失的形式出现，
而是以最单纯真诚的样子示人，
真正的爱才开始，
这样的爱是最高级的能力。

安全感来自
积极的心理

一个拥有积极心理、遇事习惯用积极思维思考的人，一定是自洽的、充满安全感的。

这种安全感让自己内心富足，笃定地认为自己很好，乐于分享爱，也相信自己能被善待。

相反，如果内心消极，即便处在一个温馨的环境中，面对温暖的人，也会不安，担心自己随时被嫌弃。

安全感来自积极的心理暗示,
自己给自己打气,
相信自己,让内心平和温暖,
去愉快地感受这世间的美好。

萌发爱的力量，
从爱自己开始

不缺爱的人才有多余的爱给别人，否则，给出去的爱越多，自己就越匮乏。

匮乏就会不停地向外索取，
想从别人那里得到更多。
越是索取，内心越是贫瘠。

没有能力爱对方的时候，可停止向外给予，先爱自己，把自己的匮乏填满。

向内求，向外修，积攒力量，让自信回归，当自己有能力的时候，再去爱对方，这时候给出去的爱才是有力的，而且不计得失。

北京阅想时代文化发展有限责任公司为中国人民大学出版社有限公司下属的商业新知事业部，致力于经管类优秀出版物（外版书为主）的策划及出版，主要涉及经济管理、金融、投资理财、心理学、成功励志、生活等出版领域，下设"阅想·商业""阅想·财富""阅想·新知""阅想·心理""阅想·生活"以及"阅想·人文"等多条产品线，致力于为国内商业人士提供涵盖先进、前沿的管理理念和思想的专业类图书和趋势类图书，同时也为满足商业人士的内心诉求，打造一系列提倡心理和生活健康的心理学图书和生活管理类图书。

《她力量：独立女性的成长修炼》

- 畅销书作家、知名互联网商业顾问张萌、创新领导力中心大中华区副总经理赵颐馨作序推荐。
- 指导职场女性遵从内心，打破职场无形的玻璃天花板，找到自我，创造属于自己的成功。

《她职场：活出女性光芒》

- 女性成长平台——睿问诚意之作，帮助中国职场女性打破成长与认知盲区的答案之书。
- 她时代，每一位职场女性都可以勇敢而坚定地追随自己的职业理想，成为自己人生的主角。

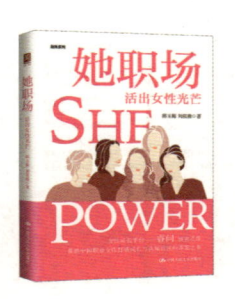